RÉCITS
DES GRANDS JOURS
DE L'HISTOIRE
DIRECTEUR PAUL GAULOT
15 c.mes le volume
LE
Coup d'État
DU
18 Fructidor
(4 Septembre 1797)
D'APRÈS LES MÉMOIRES DE
Barbé-Marbois
Barras, Hyde de Neuville
Chevalier de Larue
etc.
Il paraît un volume chaque Semaine
HENRI GAUTIER éditeur 55 quai des Grands Augustins PARIS

Récits des Grands Jours de l'Histoire

Directeur : PAUL GAULOT

CONDITIONS DE VENTE :

DANS NOS BUREAUX
ET CHEZ LES LIBRAIRES
Le volume : 15 centimes

Rendu franco par la poste
1 VOLUME 20 C. | 2 VOLUMES 35 C.
25 VOLUMES 4 FR.

Écrire à M. Henri GAUTIER, éditeur, 55, *quai des Grands-Augustins*

PARIS

Il paraît un volume par semaine.

Chaque volume se compose de 28 grandes pages, de format in-12 jésus, sous couverture en couleurs, simili-aquarelle. Imprimés sur beau papier vélin vergé, en caractères elzéviriens, ces volumes sont ornés de frontispices, culs-de-lampe, cabochons, *gravures hors-texte,* reproduisant les œuvres les plus célèbres des grands peintres.

VOLUMES EN VENTE

Le Coup d'État du 18 Fructidor

(4 Septembre 1797)

D'APRÈS LES MÉMOIRES DE

Barbé-Marbois, Barras, Hyde de Neuville,
Larue, etc.

I

La Situation de la France en 1797

Au printemps de l'année 1797, le général Bonaparte, poursuivant ses succès, arrivait à Léoben, et poussait ses avant-gardes à vingt-cinq lieues de Vienne. L'Empereur, effrayé, signait les préliminaires de Léoben, préludes de la paix de Campo-Formio.

A l'extérieur, la situation était donc glorieuse et brillante. Combien différente était la situation à l'intérieur! Le gouvernement était confié au Directoire de cinq membres, nommés par le Conseil des Anciens sur une liste de cinquante candidats désignés par les Cinq-Cents. Les premiers choisis présentaient comme principale qualité d'être des régicides : c'étaient Laréveillère-Lépaux, Rewbell, Sieyès, Letourneur et Barras. Sieyès ayant refusé fut remplacé par Carnot.

Sauf ce dernier qui avait donné, au Comité de Salut Public, des preuves de connaissances militaires, les autres étaient des incapables plus ou moins intelligents ; quant à Barras, c'était un individu sans moralité, prêt à se vendre et disposé à toutes les concussions.

[1]

Sous un pareil gouvernement, la France ne pouvait pas se remettre des secousses subies et des désordres accumulés pendant les terribles années qu'elle venait de passer.

Les finances étaient dans un état déplorable : le papier-monnaie qu'on avait multiplié dans des proportions insensées n'avait plus de valeur, pour ainsi dire, tant il était déprécié : les impôts rentraient mal, la misère était grande partout. Pour remplir un trésor vide, le Directoire avait recours aux mesures les moins régulières ; il empruntait à des taux usuraires, engageait, pour des sommes souvent dérisoires, les recettes des années suivantes et vendait à vil prix les biens nationaux.

Pour comble de malheur, ainsi qu'il arrive toujours en pareils cas, une bande de hardis forbans profitaient de ces difficultés pour se livrer aux plus honteuses spéculations, elle trouvait dans le gouvernement des complices qu'il n'y avait qu'à payer grassement. Des fortunes scandaleuses s'édifiaient sur la misère publique.

Le bel enthousiasme de 1789, le patriotisme exaspéré et farouche de 1793, avaient fait place à l'apathie universelle, à l'égoïsme général. Sauf aux armées, il semblait que les Français d'alors eussent perdu tout sentiment élevé et courageux.

Un tel état de choses devait fatalement amener une révolution. Un prêtre émigré, rentré en France vers cette époque sous un déguisement, avait parcouru le pays et résumait ainsi son opinion : « La France est en préparation d'un roi. »

Les royalistes, en effet, relevaient la tête et songeaient à profiter des circonstances favorables pour rappeler le roi, et rétablir du même coup l'ancien régime.

Un homme, qui devait en ces temps jouer un rôle considérable, a laissé un tableau exact et sincère de la situation. C'est Barbé-Marbois, ancien diplomate sous le règne de Louis XVI, esprit calme et pondéré. Nous en donnons un extrait d'après son *Journal d'un déporté non jugé*.

« L'assemblée électorale du département de la Moselle me nomma, au commencement de l'an IV, fin de 1795, représentant du peuple au Conseil des Anciens.

« Paris se ressentait encore, lorsque j'y arrivai, des convulsions du treize vendémiaire (1). Des gens armés, des

(1) Voir le récit de cette grande journée révolutionnaire dans le n° 26 des *Récits des Grands Jours de l'Histoire.*

chariots, des canons embarrassaient le passage dans les rues qui conduisent aux Tuileries. Des soldats dormaient étendus dans les galeries et sur les escaliers de ce château. Il y avait un camp dans le jardin, et le palais des législateurs ressemblait à une place assiégée. Un parti bien intentionné nous avait appelés à son secours ; c'était le parti national, ce fut le nôtre.

« Dès lors les conventionnels nous regardèrent comme des usurpateurs de leur domaine. Les mensonges les plus hardis furent mis en avant. On m'accusa d'avoir participé au traité de Pilnitz (1). Il me fut facile de répondre à cette insigne calomnie. J'entendis un Provençal, nouveau venu comme moi, dire sans trop de mystère : « Ceci débute « mal : si les jacobins ont le pouvoir de nous chasser d'ici, « nous n'y resterons pas longtemps. » C'était Portalis, que je ne connaissais pas encore. Je fus depuis étroitement lié avec lui.

« La session s'ouvrit, et les conseils procédèrent à la no-mination des membres du Directoire. C'est alors que le parti jacobin, qui avait été sans influence dans les élections populaires, devenu électeur à son tour, reprit toute sa puissance. Les membres nouvellement élus formaient le tiers du corps législatif, et cette introduction affaiblissait sensiblement la faction contraire ; mais elle s'en dédom-magea amplement, en tirant de son sein tous les membres du pouvoir exécutif. Nous trouvâmes la partie si bien liée à notre arrivée, qu'on nommait les cinq directeurs avant même qu'on eût commencé l'élection. Laréveillère était faible, languissant, infirme, et semblait n'aspirer qu'à la retraite ; mais il jouissait d'une bonne réputation, et aucun de nous alors ne le soupçonnait d'hypocrisie. Il fut nommé. Le Directoire formé, ses clients et ses flatteurs s'appliquè-rent à l'entretenir dans des dispositions hostiles à l'égard de plusieurs membres du tiers nouvellement introduit. Les directeurs avaient à leur solde des journalistes dont les feuilles se distribuaient chaque matin aux deux Conseils ; nous y étions fort maltraités : c'est le sort de tout homme

(1) « Le 24 août 1791, l'empereur d'Allemagne et le roi de Prusse arrivèrent simultanément au château de Pilnitz, en Saxe. Trois jours après, ils publièrent une déclaration collective. Ils voulaient, disaient-ils, « mettre le roi de France en état d'affermir les bases d'un gouvernement « monarchique. » En conséquence, « ils étaient résolus d'agir promptement, d'un mutuel accord avec les forces néces-« saires pour obtenir le but proposé et commun. « (*Histoire contemporaine*, par E. Maréchal). Ces paroles, assez vagues dans la forme, cachaient mal le dessein de se mêler de ce qui se passait alors en France, et de combattre la Révolution commençante. Elles exaspérèrent la population qui se livra, dès lors, aux pires excès.

public ; mais notre silence et le dégoût des lecteurs les réduisirent bientôt à se taire à leur tour.

« Leur parti n'était intrinsèquement qu'une section schismatique sortie de la souche-mère des jacobins. Elle y rentra et s'y réunit contre les nouveaux venus, qui lui paraissaient plus redoutables, car elle était persuadée que ceux-ci étaient arrivés de leurs départements avec le projet de renverser la constitution. Je laisse au temps à déterminer le mérite de cette loi nouvelle ; mais, quel qu'il fût, nous sentîmes dès le commencement que, dans l'état où les anarchistes avaient mis la France, un gouvernement, même imparfait, préparait des moyens efficaces pour le rétablissement de l'ordre. Ce sentiment fut général parmi nous, et, avant d'avoir fait connaissance, sans nous être concertés, nous fûmes tous d'accord, et nous nous montrâmes religieux observateurs de ce pacte fondamental.

« Je n'étais ni royaliste, ni républicain ; qu'étais-je donc ? Je vais le dire : la France nous avait envoyé les citoyens dont elle faisait le plus d'estime. On entrevoyait que le vœu de ces nouveaux venus était l'union du sceptre et de la liberté, et moi, en présence d'un pacte fondamental, je n'hésitai pas à m'unir à eux ; ils étaient les plus nombreux, et, à mon avis, les plus raisonnables.

« Nos adversaires crurent d'abord que notre ferveur était feinte, et que, pour nous forcer à dévoiler d'autres desseins, il leur suffisait de se tenir sur le même terrain que nous ; ainsi, dans ces premiers moments, tous les partis furent composés de constitutionnels rigides, fort étonnés de se trouver réunis. Mais bientôt la faction qui était contraire observa que nous ne changions point de marche, et que nous opposions sans cesse cette loi aux entreprises, aux habitudes conventionnelles. Elle reconnut que la constitution même la perdait par une marche régulière qui introduisait dans toutes les parties de l'administration des hommes éclairés et vertueux, et elle se crut dans la nécessité de ruiner son propre ouvrage. On entravait les presses, on gênait les cultes ou on opprimait leurs ministres ; on mettait des départements en état de siège, et toutes ces persécutions s'appelaient effrontément *la république et la liberté.*

« Dès la première année, le Directoire et ses partisans portèrent donc de violentes atteintes à cette constitution qu'ils avaient confirmée par leurs serments. Auteurs de la loi, ils furent les premiers à l'enfreindre, et ils repoussèrent

LES TUILERIES, LE 18 FRUCTIDOR

obstinément toutes nos réclamations. L'année se passa
dans une lutte soutenue avec assez d'égalité. Les anarchistes tentèrent plusieurs entreprises, et Barras les ap-
puyait en secret de toute sa puissance; mais il ne put les
soustraire aux poursuites des tribunaux; à peine eut-il le
crédit de faire supprimer les preuves de sa complicité avec
eux. Des pièces de la procédure dans la conspiration de
Babeuf compromettaient ce directeur, Fréron, Tallien et
plusieurs autres (1). Le ministre de la police, Cochon, reçut
du Directoire l'ordre de ne point les publier. Lors de l'affaire
du camp de Grenelle, un homme condamné à deux ans de
détention écrivit à ce ministre pour lui annoncer d'importantes révélations, et lui demander une entrevue avec un
de ses premiers commis. D'Ossonville fut envoyé au Temple
pour recevoir les dépositions de ce prisonnier. Elles char-
geaient surtout Barras et ceux qui étaient dans son inti-
mité, et elles s'accordaient avec les déclarations de plusieurs
condamnés. Cochon, par ordre exprès, raya ces charges.

« Nous, qui trouvions la république décrétée, nous
étions réduits à constater par une épreuve terrible, et qu'on
eût à peine osé faire à Saint-Marin, si cette forme de gouvernement convenait à la France. Dès le début, l'épreuve
réussit à demi. On peut se convaincre de la puissance des
lois même imparfaites, quand elles sont fidèlement obser-
vées. Il y parut à la renaissance du crédit, aux victoires de
nos armées, à des pacifications avantageuses. La France
entière respirait après tant de vicissitudes. La constitution
semblait s'affermir, et si le parti qui nous était contraire en
troublait quelquefois la marche, c'était pour de courts in-
tervalles; on reconnaissait de jour en jour qu'elle offrait un
point d'appui aux amis de l'ordre et de la paix intérieure :
si les deux pouvoirs eussent agi de concert, la France eût
fait un essai tranquille de cette loi nouvelle, et s'il eût dé-
pendu de nous de placer des hommes vertueux à la tête du
gouvernement républicain, les trônes de l'Europe eussent
été infailliblement renversés. Le sort (2), au bout d'une
année, fit sortir de fonctions Letourneur, qui avait été un
des cinq premiers membres du Directoire. Il fut dès ce moment facile de distinguer les factions à leurs candidats;
mais on reconnut aussi que le choix qui serait fait par le

(1) Voir le récit e la Conspiration de Babeuf dans le n° 42 des *Récits des
Grands Jours de l'Histoire.*
(2) Les gazettes annonçaient, la veille, que c'était Letourneur qui serait, le
lendemain, exclu par le sort.

parti national prévaudrait, si ce parti restait uni. Les suffrages furent d'abord divisés entre Bougainville, Cochon et Barthélemy. Le Directoire, convaincu que chaque jour il perdrait du terrain, se serait estimé heureux que la préférence fût donnée au second ; il eût ainsi maintenu une sorte d'affinité entre les cinq directeurs. Bougainville avait les suffrages de tous ceux qui désiraient le retour de l'ancien gouvernement, et ils croyaient ce candidat très propre à les seconder ; mais il avait déclaré plusieurs fois qu'il n'accepterait pas. Il fut cependant placé sur la liste des dix, formée par le conseil des Cinq-Cents, et dans laquelle les Anciens étaient tenus de choisir.

« Barthélemy était ambassadeur de la république en Suisse ; il avait conclu des négociations importantes ; c'était un citoyen désintéressé, intègre, sincèrement attaché à son pays, et tous les gens de bien désiraient de voir enfin un homme de cette espèce porté au Directoire. Ceux qui redoutaient un semblable choix se prévalurent de son absence pour dire qu'il n'accepterait pas. Sa famille même craignait de le voir dans un poste aussi difficile, et elle répandait qu'il n'aspirait qu'à la retraite. J'étais le plus résolu de ses partisans, et son frère, garde des médailles de la Bibliothèque nationale, vint me trouver peu de temps avant l'élection. Il m'assura d'abord qu'il n'était pas propre à cette place. Je persistai : alors on voulut me persuader qu'il avait annoncé la ferme résolution de refuser s'il était choisi ; mais j'avais pris les devants. J'avais sondé Barthélemy, que je connaissais depuis plus de vingt ans, et je lus une lettre par laquelle il me déclarait qu'il était résolu de faire ce qui serait utile à son pays : « *Qu'on me nomme, j'accepterai* ».

« Dès le point du jour fixé pour l'élection, je vis entrer Bougainville chez moi : « J'ai fait mes réflexions, me dit-il, « et puisque les Cinq-Cents m'ont mis sur leur liste, je dé- « sire d'être élu par les Anciens. » Je lui dis que, s'il eût pris cette résolution quinze jours plus tôt, nous aurions pu balancer entre lui et Barthélemy, mais qu'après les longs débats qui avaient précédé notre détermination, il était impossible de la changer au moment de l'exécution. Barthélemy fut élu à une grande majorité. J'étais président du conseil au jour de l'élection : aussitôt que le scrutin fut dépouillé, j'écrivis, séance tenante, un billet à l'ambassadeur pour l'en avertir et gagner de vitesse le Directoire. Comme je finissais ma lettre, songeant aux moyens de l'envoyer à

Bâle, une personne se trouva à point nommé derrière mon fauteuil, et me dit : « J'ai un cheval dans la cour, donnez-moi votre dépêche ; je la porterai. » Je profitai de son obligeance. Je n'ai pas besoin de nommer ce courrier si diligent : il le fut au point qu'une personne, qui ne dédaigne pas d'égayer quelquefois les choses les plus graves, disait qu'en cette occasion, M. L.... avait versé son sang pour la patrie.

« Après l'arrivée du second tiers des représentants, le parti conventionnel se trouvait réduit à un seul tiers. Il semblait avouer sa faiblesse, solliciter l'indulgence pour le passé, et reconnaitre l'impossibilité de lutter plus longtemps contre nous que secondaient les vœux de la nation. Ainsi, les plus ardents commencèrent à se troubler, et l'on en vit qui recherchaient la protection de ceux même qu'ils avaient si longtemps persécutés. Ce changement se manifestait de mille manières. Je n'en citerai qu'un exemple. Le sort nous donnait tous les mois de nouvelles places sur les bancs du conseil, et m'en avait donné une à côté de Legendre, ce boucher célèbre par une éloquence naturelle et des actions féroces (1). Un jour qu'on lisait à la tribune des pièces relatives à la conspiration de Brotier, Dunan et Lavilleheurnois (2), on en vint à un écrit rédigé par Vauxvilliers. « Nous avons été « ensemble dans la municipalité de Paris, me dit Legendre ; « c'était au commencement de la Révolution. Vauxvilliers « était de ceux qu'on appelait alors aristocrates, et moi on « m'appelait jacobin. Les temps sont bien changés ; fran-« chement, si Legendre de ce temps-là venait offrir son « amitié à Legendre d'aujourd'hui, celui-ci n'en voudrait « point. »

« Peut-être eût-il été sage de ne pas repousser les avances de ces hommes ; mais ils avaient inspiré une haine si juste et si profonde qu'il eût été difficile de se rapprocher d'eux sans user de dissimulation ; nous nous conduisîmes même de manière à rendre une rupture inévitable. Parmi les imprudences multipliées de ceux de notre parti, on remarqua la hauteur avec laquelle ils traitaient leurs collègues acteurs dans les sanglantes tragédies de 1793 et 1794. Le Directoire n'épargnait ni bons procédés, ni faveurs, ni distinctions envers ceux qu'il jugeait utile de mettre dans ses intérêts.

(1) Legendre avait été un des plus fougueux partisans de Danton.

(2) Le mot de conspiration est fort exagéré pour les intrigues assez mal définies de ces agents royalistes.

Ce moyen manquait aux Conseils, et surtout aux membres du premier et du second tiers, qui, éloignés la plupart du pouvoir exécutif, n'en voulaient point recevoir de grâces, et n'en avaient point à répandre. Ils portèrent l'aversion jusqu'à provoquer quelques hommes que leurs emplois rendaient importants et qu'il eût été facile de s'attacher. C'est ainsi qu'ils aliénèrent entièrement Hoche, homme passionné, mais sensible et généreux, qu'avec les moindres avances nous eussions captivé. Hoche fut chargé de marcher contre Paris, à la tête d'une division considérable, et il obéit. On n'avait rien négligé pour égarer cette armée, et, à n'en juger que par les discours des soldats, ils regardaient les deux Conseils comme des ennemis de la patrie. C'est aux approches de ces troupes que la tribune du Conseil des Cinq-Cents retentit de dénonciations, de projets d'accuser Barras, d'appel aux armes. »

II

Les Préparatifs du Coup d'Etat

Les élections, pour le renouvellement des conseils eurent lieu. La propagande s'était faite sur tout le territoire avec une grande violence. Le résultat fut tel que pouvaient l'espérer les royalistes : deux cent cinquante députés monarchistes furent élus, parmi lesquels Pichegru, le général Willot, Imbert-Colomès, etc.

Ces élections changèrent la majorité dans les Conseils : Barbé-Marbois fut porté à la présidence des Anciens ; quant à celle des Cinq-Cents, elle fut dévolue à Pichegru (20 mai 1797). On sait que le vainqueur de la Hollande avait été acheté et qu'il était devenu un des plus dévoués partisans de Louis XVIII.

En même temps, le Directoire qui se renouvelait par cinquième, et dont Letourneur était exclu par le sort, était, ainsi qu'on l'a vu dans le récit de Barbé-Marbois, complété par la nomination de Barthélemy, l'ancien négociateur des traités de Bâle, et dont les opinions étaient monarchiques.

La lutte s'engagea aussitôt contre le Directoire. « A chaque séance, c'étaient des motions, des rapports, des résolutions qui sapaient son autorité, altéraient [sa considération, augmentaient ses alarmes, et jetaient l'épouvante parmi les républicains. » (THIBEAUDEAU.)

Barras sentit le péril : il résolut de se défendre, ou plutôt de défendre sa position de directeur qui lui permettait les plus louches intrigues, mais en même temps les plus lucratives. Il ne pouvait s'entendre avec Barthélemy, gagné à ses adversaires ; il ne trouva point dans Carnot un complice pour un coup d'Etat : l'ancien terroriste ne parlait plus que de modération et prônait le respect de la Constitution. Barras s'entendit donc avec Laréveillère-Lépaux et Rewbell et résolut avec eux de supprimer dans les assemblées délibérantes les représentants du peuple qui lui faisaient de l'opposition.

Dans ses *Mémoires* (1), il raconte ainsi son rôle à cette époque. « Le 17 fructidor (3 septembre), je suis informé que le gouvernement va être attaqué. Je crois qu'il est temps de se mettre en mesure de prévenir l'attaque. Je rends compte de l'état des choses à mes deux collègues. Je prépare les premiers ordres pour agir. Je mande Augereau, que j'avais vu tous les jours précédents et qui ne me paraissait pas sans quelque réflexion incertaine et timide sur les conséquences d'un acte politique aussi décisif. J'avais bien pensé à lui donner pour coopérateur Bernadotte, que Bonaparte n'avait pas envoyé à Paris dans une autre intention ; mais, ayant plusieurs fois tâté celui-ci dans les visites continuelles qu'il me faisait, je n'avais pu rien obtenir de lui que les protestations vagues d'un dévouement sans bornes et qui ne s'arrêtait à rien. Parmi tous les autres généraux qui m'obsédaient sans cesse et remplissaient mon antichambre, je reconnus enfin qu'Augereau était ce qu'il y avait de plus loyal, de plus définitif, si l'on peut ainsi dire, en patriotisme et en dévouement... »

Augereau choisi, se mit en demeure de préparer le coup de force : tout n'était pas si bien prêt qu'on ne redoutât un échec.

Les complices ne montrèrent pas tous un grand courage, Rewbell particulièrement.

« Rewbell, dit Barras, qui avait cru, après ma promesse, se réveiller pour apprendre une chose terminée, se met dans une grande colère : « Tout est perdu : je quitte Paris ; qu'on selle mes chevaux »... Je cours chez Rewbell, qui était allé chez Laréveillère, où je le trouve ; il était dans une

_____

(1) *Mémoires de Barras*, publiés par Georges Duruy (Hachette et Cie).

agitation extrême et voulait toujours quitter Paris. Augereau, d'autre part, avait dit vouloir retourner en Italie. Rewbell nous parle avec autant de simplicité que d'émotion des songes qu'il a eus les nuits précédentes. Il s'attend à la mise hors la loi. Enfin la faiblesse des moyens et de volonté qu'Augereau laisse voir en ce moment fait croire à Rewbell que tout est perdu. Laréveillère et moi, nous cherchons à le dissuader, à le rassurer... Après une conversation longue et même menaçante, Rewbell, convaincu de notre résolution, retrouve ses facultés, et reprend : « Je ne vous quitterai pas. »

« — Eh bien, dis-je, nous attaquerons demain ; notre succès ne dépend point d'Augereau, c'est son nom seul qui me l'a fait adopter, il marchera bon gré mal gré... »

« Les amis comme les parents de Rewbell, et Rewbell lui-même, m'ont déclaré que, dans ce moment de crise, il avait été réellement fou pendant l'espace de plusieurs heures. »

De l'autre côté, on ne restait pas inactif, et voici le plan des adversaires du Directoire, d'après les *Mémoires* du baron Hyde de Neuville (1), beau-frère du chevalier de Larue, lequel était un des principaux chefs du mouvement royaliste.

« Mon beau-frère faisait partie des Cinq-Cents ; il venait d'être nommé membre de la commission des inspecteurs qui représentait le pouvoir actif du Conseil. Je suivais donc journellement par lui le travail intérieur qui se faisait dans le sein du Corps législatif, à l'approche du mouvement auquel tout le monde s'attendait. Plusieurs jours avant celui où il éclata, des réunions, composées des députés les plus marquants, avaient eu lieu chez Tronson-Ducoudray. On y proposa l'arrestation des trois directeurs, qui formaient ce que l'on appelait le *triumvirat*, Barras, Rewbell et Laréveillère-Lépaux ; Carnot et Barthélemy étaient mis à part, et garantis par leur mésintelligence ouverte avec leurs collègues. On savait que le second serait favorable au mouvement, et l'on avait essayé d'y attirer le premier. Carnot se trouvait isolé, au milieu de tous les partis, il n'avait la confiance d'aucun... »

Hyde de Neuville ne paraît pas aussi convaincu de la bravoure de Barras que celui-ci en témoigne, dans ses *Mé-*

(1) Publiés à la librairie Plon, Nourrit et Cie.

moires : « Après avoir hésité plusieurs jours à donner l'impulsion, on le (Barras) vit tout à coup plein d'initiative et d'énergie, annoncer à ses collègues la nécessité d'agir la nuit même. C'était au ministre Sottin que l'on devait cette bravoure de Barras. Sottin, qui ne justifiait point son nom, jugeait assez bien que la peur habilement exploitée peut devenir du courage ; il avait dû stimuler la timidité de Barras et le rendre brave. Ce fut également Sottin qui proposa aux triumvirs, dans la nuit du coup d'Etat, de répandre une proclamation annonçant que le Directoire *ne faisait que repousser la force par la force*, et qu'il venait d'être attaqué par les *troupes des Conseils*. « — Le peuple ne le croira pas, disait un des Directeurs, — « *Il le croira pendant un jour*, répondait Sottin : *c'est tout ce qu'il nous faut ; peu importe ce qu'il pourra dire et penser à faire demain.* »

« Ces affiches, audacieusement mensongères, parurent le lendemain sur tous les murs de Paris, annonçant la gravité des complots sous lesquels le Directoire avait failli périr... »

Le plan de Barras était bien simple : il consistait à supprimer dans le Directoire les deux collègues qui le gênaient, Barthélemy et Carnot, et dans les Assemblées tous les députés marquants de l'opposition.

Ses adversaires n'avaient point, malheureusement pour eux, autant d'énergie et d'audace. La situation s'est retrouvée pareille plus d'une fois dans l'histoire de ce siècle (1), mais toujours le triomphe a été pour l'homme qui agit seul contre les assemblées qui délibèrent. Les royalistes cependant n'ignoraient rien des projets de Barras.

« Depuis longtemps, dit le chevalier de Larue, nous observions, nous connaissions les manœuvres des triumvirs pour renverser les obstacles, leur fougueuse tyrannie pour éteindre les flambeaux qui devaient éclairer leurs scandaleuses dilapidations ; déjà, nous avions déjoué une tentative dont Hoche était le principal acteur (2); il doit être démontré aujourd'hui, même aux plus incrédules, que les troupes dirigées sur Paris sous ses ordres étaient destinées à l'expédition faite depuis par Augereau.

---

(1) Voir le nº 34 des *Récits des Grands Jours de l'Histoire.*

(2) Certains partis politiques, dans le but d'opposer Hoche à Bonaparte, ont représenté celui-là comme le serviteur dévoué de la loi et l'ennemi des coups de force. On n'a, pour se convaincre que cette opinion est contraire à la vérité, et que Hoche fût, au besoin, très volontiers devenu l'acteur principal d'un coup d'Etat, qu'à lire *Une Page de la vie de Hoche*, par Albert Duruy (*Revue des Deux-Mondes*, nº du 15 juin 1884), et *les Vues de Hoche*, par Albert Sorel, le savant historien, membre éminent de l'Académie française (*Revue de Paris*, nºˢ des 15 juillet-1ᵉʳ août 1895).

« Ce plan n'était que trop réel ; nous en avions, huit jours avant la consommation du crime, toutes les preuves morales. Mais il était dans les Conseils une infinité d'hommes auxquels il en fallait de matérielles. Etrange manière de lutter contre les conspirateurs !...

« Malgré les difficultés que nous rencontrions à chaque pas, nous avions obtenu, Pichegru et moi, qu'il serait fait un rapport au nom de la Commission des inspecteurs. Il importait que le membre chargé de le faire eût le moins de préventions à combattre. Thibaudeau eût été le plus convenable sous ce rapport, mais il s'y refusa. Emmery ne se montra pas mieux disposé ; noire dernière ressource était Vaublanc, dont les talents et la rare loyauté (1) inspiraient l'estime à tous les partis. Il réunissait tout ce qui était nécessaire pour remplir cette tâche difficile, il devait le faire le 17 fructidor ; mais je ne sais par quelle fatalité il ne se trouva pas prêt ; nous exigeâmes sa parole d'honneur pour le lendemain. Il la donna, et dès lors le rapport devint sûr, la détermination dernière fut prise à une heure et demie. A deux, le Directoire en fut instruit, et, à trois, ses ordres furent donnés pour l'expédition, marquée du prétexte d'un exercice général dans la plaine de Montrouge.

« L'avis nous en parvint à trois heures et demie...

« Nous nous séparâmes sans avoir rien su de plus que ce qui nous avait été dit au Conseil. Nous allâmes nous assurer nous-mêmes de l'état de la ville ; nous trouvâmes partout le plus grand calme. Cette tranquillité nous imposa un moment ; elle nous parut incompatible avec l'exécution des projets des factieux, et nous présumâmes que quelque incident imprévu l'avait retardée. »

Il n'en était rien ; Barras avait tout ordonné pour commencer le mouvement.

« Partez et soyez prêt pour minuit, avait-il dit à Augereau. Je serai à cheval près de vous. Le Pont-Neuf et le Pont-Royal doivent être occupés avec des canons ; la place de la Révolution et les Tuileries seront cernées en même temps ; une demi-brigade, dont je disposerai suivant les circonstances, stationnera au Luxembourg. »

« Nos proclamations sont prêtes, dit Barras dans son récit. Je rédige avec Schérer les divers ordres aux armées.

---

(1) Larue exagère un peu la rare loyauté de Vaublanc, qui s'accommoda très bien de servir Napoléon comme préfet de Metz, très autoritaire, et Louis XVIII, comme ministre de l'Intérieur, fonction dans laquelle il déploya tant de zèle qu'on fut obligé de la lui retirer au bout de quelques mois.

François de Neufchâteau montre un grand caractère. Minuit sonne, les colonnes s'ébranlent ; il est ordonné que Carnot et Barthélemy seront gardés à vue dans leurs apparte-ments. Le premier s'était échappé du Luxembourg. Le jour paraît ; je fais tirer le canon d'alarme ; les grenadiers du Corps législatif s'embrassent et fraternisent avec les troupes de ligne. »

Et Barras ajoute ce détail : « Augereau avait bu quelque peu de vin de Champagne pour se préparer, comme dans les jours de bataille. »

La victoire devait rester à celui des deux partis qui atta-querait le premier.

III

La journée du 18 fructidor (1)

« J'avais tant d'éloignement pour l'intrigue, que, le 17, j'ignorais encore l'extrême proximité du danger ; aucun de mes collègues ne m'en parla, et réellement très peu d'entre eux en étaient instruits. Je dînai, ce même jour, avec le général Montesquiou, qui n'attendit pas la fin du dîner, et partit pour la campagne, m'offrant de m'emmener avec lui. Mes amis me pressèrent fortement de ne point retourner dans ma maison ; mais je n'avais aucun motif pour me cacher, aucune crainte personnelle ; je ne voulus pas même découcher. Parmi les agents du complot, il y en eut qui firent des demi-confidences à quelques-uns de ceux qui étaient déjà secrètement proscrits, croyant par là se ménager des protecteurs, en cas de fortune contraire.

« Le 18 fructidor (4 septembre 1797) arriva. Cette journée doit attirer de grands maux sur notre patrie ; je crois à propos d'en rapporter les principaux événements.

« Dès le point du jour, deux de mes collègues, Meilland et Gigault-Grisenoy, m'éveillèrent et m'apprirent les événe-ments de la nuit. A deux heures et demie du matin, le canon avait donné le signal aux généraux et officiers de l'armée qui occupait Paris. Le Directoire et l'état-major étaient incer-tains du parti que prendrait la Garde du Corps législatif. Je crois fermement qu'ils s'attendaient à une résistance. Des proclamations, rédigées et imprimées plusieurs jours

_____

(1) Le récit des événements du 18 fructidor est extrait du *Journal d'un Dé-porté non jugé*, par Barbé-Marbois.

d'avance, et qui furent affichées dans la matinée du 18, contenaient ces paroles remarquables : « Les avant-postes du Directoire ont été forcés. » C'est une insigne imposture ; on eût été très embarrassé à produire un seul individu blessé, ou seulement égratigné, dans cette action imaginaire (1).

« A quatre heures et demie du matin, quinze cents hommes entrèrent dans la cour des Tuileries. Il y avait des canons pour défendre la principale porte qui conduit du palais au jardin ; mais les canonniers la livrèrent. Augereau pénétra le premier, à la tête d'une forte colonne. Il fit aussitôt occuper tous les postes, confiés jusqu'alors aux grenadiers du Corps législatif, qui les cédèrent sans obstacle. La troupe, cernée de toutes parts, et menacée par une forte artillerie, avait ouvert les portes extérieures ; il n'y eut de la résistance qu'à une grille par laquelle on arrivait à la salle du Conseil des Cinq-Cents. Ce poste était, par sa situation, moins facile à forcer que celui du Conseil des Anciens. Un officier, appelé Bruniaux, le gardait encore à cinq heures du matin. Le général Lemoine s'y présenta, et lui ordonna de livrer le passage : « Ma consigne me le défend, répond « l'officier ; je garde le Conseil et les archives ; je défendrai « mon poste. » Lemoine menaça de se faire jour à coups de canon. « Faites tirer, » répondit Bruniaux. Un peu après, cependant, les soldats ouvrirent eux-mêmes. Ceux qui étaient au Pont-Tournant ouvrirent aussi les grilles ; et une autre colonne de deux mille hommes entra par ce côté, avec douze pièces de huit. Les pièces de position furent braquées de la place de la Révolution contre le jardin ; cette artillerie était gardée par une forte réserve de cavalerie et d'infanterie. La terrasse des Tuileries, devant le palais, était couverte de soldats. On y vit les représentants Lepaige et Derenty, tenant chacun une bouteille, et versant de l'eau-de-vie aux soldats.

« Il n'y eut nulle part le plus léger conflit. L'espèce de neutralité facile de nos grenadiers prouva que nous n'avions compté que sur la protection de la loi. Vers sept heures du matin, plusieurs membres des deux Conseils s'étaient rendus dans les salles de leurs séances ; ils n'y étaient point en nombre suffisant pour délibérer. Les présidents et les secré-

---

(1) « Commode avait inventé une conjuration : il feignit de croire que l'on conspirait contre sa vie : sous cette méchante couverture, il fit mourir un grand nombre de citoyens romains. » (*Plutarque*).

taires s'y trouvaient cependant ; environ trente membres étaient présents au Conseil des Anciens, et parmi eux Baudin, que le président avait été chercher lui-même dans l'appartement qu'il occupait aux Tuileries. Baudin semblait très agité, et ne prit aucun caractère à ce moment d'une crise dont le résultat était encore incertain. Notre président (c'était Laffon-Ladebat) avait inutilement tenté de pénétrer jusqu'à la Commission des inspecteurs. Une garde les empêchait de sortir, et ne permettait pas qu'on communiquât avec eux. Il revint occuper son fauteuil. Le nombre des membres s'augmentait lentement. Il attendait qu'il se complétât, lorsqu'une poignée de soldats l'arracha de son siège, et le contraignit, par des violences accompagnées de discours brutaux, à se retirer.

« La même scène se passait au Conseil des Cinq-Cents. Siméon était président, et, forcé de sortir, il prononça ces paroles, et les fit écrire par les secrétaires : « Le Conseil est « dissous par la force armée. » Ce furent les dernières paroles proférées sous l'empire de la Constitution de l'an III, qui, dès ce moment, cessa d'être la loi des Français. Les membres de ce Conseil, ainsi repoussés, se retirèrent chez André de la Lozère, au nombre de quatre-vingt-six. Ils rédigèrent une protestation contre la violation de la Constitution. Elle était signée par presque tous, et personne ne refusait d'y mettre son nom, lorsque Jean-Jacques Aymé fit quelques observations qui déterminèrent ses collègues à la supprimer. L'Assemblée se sépara, après qu'on fut convenu de se réunir au même lieu, le soir du 18. Mais, dans l'intervalle, le triomphe du Directoire fut connu, et il n'y eut pas plus de douze membres à cette seconde réunion. Elle se dispersa sans avoir rien arrêté.

« Dès le point du même jour, 18 fructidor, dix à douze députés s'étaient assemblés dans la salle de la Commission des inspecteurs du Conseil des Anciens. Des cinq membres dont elle était composée, Rovère seul était présent. Dumas voulut y pénétrer ; mais ses collègues, eux-mêmes lui jetèrent un billet portant qu'il eût à s'enfuir promptement. Cet homme, recommandable par sa fidélité en amitié, et par son intrépidité dans le péril, s'éloigna à regret. Il était en petit uniforme. On raconte qu'à la sortie des Tuileries, les sentinelles lui dirent : « Nous avons pour consigne de ne « laisser sortir personne. » — « Votre consigne, répondit « Dumas, c'est moi qui l'ai donnée, et c'est la troisième « fois qu'on la change. Qu'on me fasse venir l'officier au

« corps de garde, où je vais l'attendre. » Les gardes, trompés par cette ruse, le laissèrent passer, craignant même d'être repris pour l'avoir arrêté. Deux membres de la Commission du Conseil des Cinq-Cents s'étaient réunis à celle des Anciens : c'étaient Pichegru et Delarue (1) : celui-ci tira un pistolet de sa poche quand on l'arrêta, et il voulut s'en servir ; mais l'arme fit long feu, et ce fut un bonheur pour lui. Poinçot vint dire à Pichegru de descendre dans le jardin, où le général Lemoine le faisait appeler. Sur le refus de Pichegru, et après quelques paroles assez vives, l'officier, sans insister, s'empara de l'intérieur du palais. Dès cinq heures du matin, les inspecteurs avaient été investis par cinquante hommes armés ; mais alors il n'y avait pas encore ordre de les arrêter, et ces députés eussent pu se disperser. A sept heures, les ordres du Directoire arrivèrent, et le général Verdier leur annonça qu'ils allaient être conduits au Temple. Ils mirent en avant les lois, la Constitution, la garantie du corps législatif et d'autres lieux communs. Un officier, feignant d'être Allemand, leur répondit : « Moi pas entendre c'té français-là. » D'autres militaires, plus embarrassés du personnage qu'ils faisaient, et peut-être encore incertains du dénouement, répondirent : « Nous ne devons qu'obéir. » Quelques-uns des représentants résistèrent quand on voulut les faire descendre. Un officier dit à Bourdon de l'Oise : « Retirez-vous, citoyen, « nous n'avons point ordre de vous arrêter. » Celui-ci fit une réponse qui doit nous rendre moins sévères sur d'autres époques de sa vie. « Je veux, dit-il, aller au Temple avec « mes collègues, et je repousse l'indigne faveur par laquelle « on veut me déshonorer. »

« Le Directoire, qui, depuis plusieurs mois, préparait cette entreprise, fut très inquiet tant qu'elle ne fut pas consommée. Les messagers arrivaient des casernes, des Conseils et de la police, au palais du Luxembourg, et se succédaient rapidement. Les amis d'une faveur naissante entouraient les directeurs et soutenaient leur courage. L'ambassadeur de Suède passa une partie de la nuit près d'eux. Il avait souvent montré de l'affection à plusieurs d'entre nous. Nous sûmes depuis, pendant notre séjour au Temple, qu'il nous avait abandonnés pour passer vers nos ennemis, et un jour qu'à Sinnamari nous parlions des événements de cette journée, il s'éleva une querelle assez

____

(1) Le chevalier de Larue, beau-frère de Hyde de Neuville.

vive, à ce sujet, entre Tronson et Rovère. « Je ne crois pas
« à sa défection, dit celui-ci, car je n'en ai pas été in-
« formé. » — « Je ne l'ai pas été plus que vous, dit Tronson ;
« mais j'y crois. Je connais ce diplomate. Il s'imagine qu'un
« ambassadeur doit arriver aux secrets du prince, même par
« le plus sale chemin. Je gagerais qu'il était chez Barras. »

« Barras, qui n'avait pas toujours été d'accord avec
Rewbell et Laréveillère, fut entraîné par la haine qu'il
portait à Carnot. Ainsi, il y eut en ce moment de l'accord
entre les triumvirs, et la perte de Carnot fut arrêtée. Quant
à Barthélemy, il ne suffisait pas de se cacher de lui, il fallait
encore l'envelopper dans la proscription, pour mettre à sa
place quelque homme entièrement dévoué, et dont on
ne dût craindre ni la surveillance ni la vertu. Il fut donc
résolu que Barthélemy donnerait sa démission, et que, s'il
la refusait, il subirait le même sort que Carnot. Celui-ci
avait bien plus de moyens que l'autre de pénétrer les desseins de ses collègues, et il connaissait depuis longtemps
leur audace. Le 17, il sut que le lendemain les coups dé-
cisifs seraient frappés. Il eut fort tard un entretien avec
Willot, membre du Conseil des Cinq-Cents. Il ne s'opposait
plus à un coup de main contre le Directoire ; mais il fut
bientôt assuré, par les renseignements que lui donna
Willot, qu'il n'y avait ni dispositions faites, ni moyens de
résistance. Il rentra encore chez lui, au Luxembourg ; et il
faut conclure de cette sécurité, ou qu'il était mal informé
des détails du complot, ou qu'il s'était procuré des
moyens infaillibles d'évasion. Il réussit en effet à s'é-
chapper.

« Des gens armés entrèrent chez Barthélemy, le même
jour 17, à onze heures du soir, et on se contenta de le faire
garder par deux sentinelles placées à sa porte. Il pouvait
s'échapper, mais il ne le voulut point.

« Pendant que les événements que j'ai rapportés plus
haut se passaient dans les salles des deux Conseils, d'autres
membres, n'y pouvant pénétrer, vinrent chez moi au
nombre de trente à quarante. Nous nous entretînmes sur le
parti que la circonstance exigeait. Les sentiments furent
divers. Bernard Saint-Afrique et Chassiron se montrèrent
timides, irrésolus et inquiets de l'événement. Dupont opina
mollement, et parla de fuite. Marmontel et Muraire mar-
quèrent beaucoup plus de fermeté. Je dis à tous que, les
croyant irréprochables comme moi, j'étais d'avis de rejeter
tous les partis timides ; qu'il était indigne de nous de fuir

ou de nous cacher ; que le seul moyen, s'il y en avait un,
de prévenir une catastrophe, était de nous mettre en évi-
dence, de servir, pour ainsi dire, de fanal et de centre de
réunion aux gens bien intentionnés : que, loin de nous
disperser, comme pourraient faire des coupables, il fallait,
après avoir été chassés du lieu de nos séances, y retourner
sans délai ; que c'était le seul où il nous convînt d'être
réunis. Cet avis, appuyé par le froid Muraire et le sage
Tronchet, fut adopté unanimement. Je reçus, vers la même
heure, divers billets, et des visites de personnes qui m'ex-
primaient l'anxiété générale. Ferrand-Vaillant vint me dire
qu'un officier supérieur, dont je ne me rappelle plus le
nom, était à deux pas de là, et qu'il réunirait à l'instant
un grand nombre d'hommes prêts à se dévouer, pour le
maintien de la loi. Des chefs de deux grandes administra-
tions voisines de ma maison vinrent me proposer d'armer
un bon nombre de leurs commis ; nous répondîmes à tout
le monde que nous nous rendions au lieu de nos séances,
que nous étions bien résolus d'éloigner de nous tout
secours étranger.

« Nos efforts se réduisirent à nous présenter deux fois
seuls et désarmés au Conseil. Il est clair que le Directoire
n'avait pas prévu ce genre d'hostilité. S'il s'y fût attendu,
l'accès des cours ne nous eût pas été si facile. Nous nous
rendîmes de chez moi, par le boulevard, à notre Conseil.
Pendant la marche, un de nos huissiers vint nous dire
qu'une partie de nos collègues étaient rassemblés aux
écoles de chirurgie, près du palais du Directoire, et qu'ils
nous faisaient inviter à venir les y joindre. Nous leur
envoyâmes trois des membres qui étaient avec nous, pour
les prier de se réunir à nous dans le lieu ordinaire de nos
séances, dont le changement ne paraissait fondé sur aucun
motif raisonnable.

« Nous avancions cependant dans la rue Saint-Honoré,
et nous entrâmes dans les cours du palais des Tuileries,
après une faible opposition d'une sentinelle de notre propre
garde ; mais, pour cette fois, toutes les salles étaient
fermées. Parvenus aux galeries qui règnent le long de la
terrasse du parterre, un détachement d'environ cent
hommes accourut, et nous repoussa. La leçon était bien
faite à leurs chefs, et ils tenaient des discours très insolents.
Ils appuyaient la crosse de leurs fusils sur ceux qui, à leur
gré, ne se retiraient pas assez vite, et leurs baïonnettes sur
la poitrine de ceux qui se retournaient. Nous revenions

chez le président par la rue Saint-Honoré, quand un détachement de cavalerie galopant derrière nous nécessita notre
dispersion : nous étions quarante. Tous pouvaient arriver
chez Laffon, comme nous en étions convenus ; je pour-
suivis mon chemin, et ne m'écartai que pour lire les longues
proclamations du Directoire, affichées sur une colonne du
portail des Feuillants. Des soldats lisaient avec moi. J'écou-
tais leurs observations, j'y mêlais les miennes ; j'étais libre,
et je ne prévoyais aucunement qu'avant la fin du jour je
serais prisonnier dans la tour du Temple. »

IV

L'arrestation des Députés

« Il y avait chez Laffon cinq de nos collègues. On vint
nous dire que la gendarmerie s'avançait par le boulevard ;
la fuite nous était encore facile, mais la proposition n'en
fut pas même faite. La maison, bientôt investie, fut en même
temps envahie par un détachement de gendarmerie. Le chef
se fit remettre des pistolets dont un de nous était muni.
C'était le seul qui eût des armes. J'avais toujours jugé inutile
d'en porter, et quelques-uns, qui ne les quittaient jamais,
et qui annonçaient une grande détermination, n'en ont par
bonheur fait aucun usage. Le détachement n'était entré chez
Laffon que par un malentendu ; car il était envoyé pour
arrêter des membres du Conseil des Cinq-Cents, assemblés
dans une maison voisine. L'officier s'aperçut de son erreur ;
mais il refusa de montrer son ordre, et nous ne pûmes
alors la constater. Cependant, comme nous étions aussi
représentants, il crut que, malgré cette méprise, il avait
encore fait une bonne affaire. Il prit les noms de chacun de
nous, et les envoya au ministre de la police. En attendant
sa réponse, il nous parla de rassemblements défendus par
la loi, comme s'il n'eût pas été absurde d'appliquer cette
interdiction à six représentants du peuple, qui, chassés de
leur salle, s'étaient retirés chez leur président. Comme nous
lui demandions en vertu de quelle loi nous étions arrêtés,
nous eûmes pour réponse la définition de la loi sous un
gouvernement tyrannique ; elle est remarquable par sa pré-
cision et sa justesse : « *La loi, c'est le sabre.* »

« Nous ne vîmes revenir chez Laffon qu'au bout d'une
heure et demie le messager envoyé par l'officier de gendar-

merie à Sotin, ministre de la police. Celui-ci avait pris les ordres du Directoire, et la décision nous fut fatale. L'officier nous fit monter dans des voitures. Nous fûmes conduits chez ce ministre à travers des groupes peu nombreux de citoyens qui semblaient diversement affectés. On nous introduisit dans son appartement; et, comme nous lui demandions à voir l'ordre en vertu duquel il attentait à notre liberté, il nous en refusa la communication; mais il nous dit qu'il lui était commandé de faire arrêter les députés assemblés rue Neuve-du-Luxembourg, dans une maison dont il nous lut le numéro. « Ce n'est point le numéro de « la mienne, dit Laffon; il est manifeste qu'on a pris ma « maison pour une autre, et qu'il n'était pas question de « nous faire arrêter. » Le ministre sourit, et, sans prendre la peine de nous donner une explication, il répondit par ces mots, qui ne sont pas les moins mémorables de la révolution et qu'il faut redire textuellement : « Vous jugez bien « qu'après ce que j'ai pris sur moi, un peu plus ou moins « de compromission n'est pas une affaire. »

« Nous montâmes dans quatre voitures, accompagnés d'agents de la police, et sous une escorte de gendarmerie à cheval. Il était environ quatre heures de l'après-midi. Il y avait sur les ponts et dans les rues par où nous passions une double haie de gens armés. Le peuple paraissait consterné à la vue des armes et de cet étalage de force contre sept hommes âgés et sans défense; quelques groupes, il est vrai, se montraient, au contraire, fort animés contre nous.

« Un homme d'une haute stature, mal vêtu, affectant la fureur ou l'ivresse, tenant un bâton, en frappait les portières de notre voiture, et nous accablait d'imprécations. Il nous criait de temps en temps : « Répétez donc, scélérats, « chiens que vous êtes, répétez donc : Vive la République! » Mais ces emportements de commande n'excitèrent aucun mouvement. Il y eut cependant un moment d'embarras dans le convoi. Un de nos conducteurs mit la tête à la portière, et, la retirant brusquement, il nous dit d'un air effrayé : « On massacre une voiture derrière nous. » Il se trompait, ou voulait faire le facétieux. Enfin, nous arrivâmes au Temple; à notre entrée dans cette fameuse prison, nos poches furent visitées. Nous y trouvâmes plusieurs de nos collègues des deux Conseils; Lavilleheurnois et Brotier y étaient depuis plusieurs mois. Ils étaient les agents d'une conspiration en faveur du prétendant. Les détails en ont été rendus publics

(D'après une gravure du Cabinet des Estampes)

lors du jugement qu'ils ont subi. Ces minces conspirateurs avaient, de leur autorité privée, nommé sept à huit ministres, et ils en prenaient une partie dans les Conseils. Ils avaient mis dans leur confidence des gens de guerre dont ils avaient besoin, et qui les dénoncèrent; mais ils n'avaient pas même imaginé de faire sonder ceux à qui ils distribuaient si généreusement les premiers emplois civils.

« On nous installa dans les chambres qu'avaient habitées la famille royale, et plus récemment les conspirateurs désignés sous le nom du *Camp de Grenelle* (1). Nous eûmes, pendant le temps que nous passâmes au Temple, la liberté de nous promener dans la cour, qui est spacieuse. Il fut aussi permis à ceux qui avaient des femmes et des enfants de les voir en présence de témoins. Les fenêtres de ce château sont garnies de hottes, qui n'y laissent entrer le jour que par en haut. Les soldats qui nous gardaient faisaient fort strictement leur service ; dès la fin du jour, nous étions enfermés sous beaucoup de verroux et de serrures. »

V

La déportation des Députés à Cayenne

Barras et ses deux collègues Lareveillère-Lépaux et Rewbell étaient donc triomphants.

Ils avaient convoqué à l'Odéon et à l'Ecole de Médecine les minorités des Anciens et des Cinq-Cents qui leur étaient dévouées. Ils s'étaient fait autoriser par elles à prendre toutes les mesures nécessaires au succès du coup d'Etat, ce qu'on appelait en termes pompeux veiller au salut de l'Etat.

Pour compléter la série de ces actes inconstitutionnels, deux minorités s'étaient déclarées en permanence, et avaient décrété l'annulation des élections dans cinquante-trois départements, procédé fort simple pour se donner la majorité.

Puis avaient suivi les mesures de proscription. Les directeurs Carnot et Barthélemy, les députés Aubry, Job Aymé, Boissy d'Anglas, Bourdon (de l'Oise), Cadroy, Gilbert-Desmolières, Henri Larivière, Imbert-Colomès, Camille Jordan, Lemerer, Mersan, Pastoret, Pichegru, Quatremère de Quincy,

---

(1) Voir le n° 42 des *Récits des Grands Jours de l'Histoire*.

Siméon, Vaublanc, Villaret-Joyeuse, Willot, Barbé-Marbois, Portalis, Larue, Royère, Tronson-Ducoudray, etc., en tout cinquante-trois, avaient été condamnés à la déportation.

Afin d'éviter de nouvelles élections, les sièges de ces députés avaient été déclarés vacants jusqu'à nouvel ordre.

Les deux directeurs proscrits furent remplacés par Merlin de Douai et par François de Neufchâteau.

Carnot avait pu s'enfuir et se réfugier en Allemagne ; mais Barthélemy et les députés furent conduits les uns à Cayenne, les autres à Oleron, avec un luxe de brutalité inouïe.

Barbé-Marbois, le déporté non jugé, comme il se nomme avec raison, a laissé de ce long supplice un récit émouvant.

« *25 fructidor* (11 septembre 1797). — Nous fûmes éveillés subitement à deux heures du matin (1). Notre porte-clefs prit une voix compatissante, et qui n'allait point du tout à son visage. Il nous dit que nous allions partir pour un port inconnu, et qu'il fallait nous disposer en diligence...

« On nous avait fait descendre trop tôt ; rien n'était prêt.

« Des berlines avaient été d'abord destinées pour nous. Le Directoire y substitua les cages de fer, et l'on nous dit que c'était à la demande du général Augereau. Dès qu'elles furent arrivées, on nous fit sortir pour y monter. Plusieurs d'entre nous avaient un sac de nuit ou un petit paquet de voyage : des soldats qui nous gardaient trouvaient fort étrange qu'on nous eût fait cette faveur. « On voit bien, dit « un d'eux, que les royalistes ont toujours de l'influence. » A les entendre, nous leur faisions un larcin.

« Nous nous mîmes en route à quatre heures et demie du matin. Nos voitures étaient de grandes cages de fer lourdes et non suspendues, ayant une seule porte verrouillée et cadenassée. Si elles eussent versé, nous ne pouvions éviter d'avoir les bras et les jambes cassés.

« Les claires-voies, mal couvertes, laissaient arriver sur nous un vent froid, et, comme il pleuvait à verse, l'eau tombait par beaucoup de gouttières. Lorsqu'un de nous se trouvait dans l'obligation indispensable de descendre, on appelait le porte-clefs. Le détachement et tout le convoi suspendaient leur marche, et elle ne continuait que quand chacun était rentré et renfermé... »

---

(1) Ils avaient tous été enfermés au Temple, dans la prison où avaient été prisonniers Lous XVI et la famille royale.

« *27 et 28 fructidor* (13 et 14 septembre 1797). — Nous fûmes enfermés à Tours dans les mêmes prisons que les galériens. La malpropreté et le mauvais air règnent dans ces maisons. Nous étions quelquefois plus de vingt dans un espace resserré, couchés sur la paille, que nous préfé-rions, quand elle était fraîche, aux méchants matelas qu'on nous donnait dans quelques endroits. Combien de fois nous avons dit qu'avant de construire des palais et de donner des fêtes, il fallait rendre les prisons et les hôpitaux habitables ! Les officiers municipaux de Tours introdui-sirent leurs amis dans notre prison, et nous fûmes mon-trés comme objets de grande curiosité. Ces amateurs s'en-tretenaient librement en notre présence, et ne nous épargnaient pas. Les municipaux nous empêchèrent même d'écrire, parce que, disaient-ils, ce qui n'est pas spéciale-ment permis à des prisonniers d'Etat est censé leur être défendu. Après une mauvaise nuit, troublée par l'infection du lieu, l'aboiement des chiens du geôlier, le bruit des chaînes des galériens nos voisins, nous partîmes aux accla-mations de quelques Jacobins. »

Le convoi arriva à Rochefort le 21 septembre, où les pri-sonniers furent embarqués sur la *Vaillante*.

« On nous communiqua les consignes. Il nous était permis d'être quatre à la fois sur le pont pendant une heure le matin, et autant le soir ; le reste du temps, il fal-lait demeurer dans notre chambre, déjà méphitisée. Un silence absolu avec les soldats et les matelots était ordonné. Nous étions la plupart valétudinaires, et obligés de nous adresser fréquemment à un des quatre canonniers qui nous gardaient ; mais nous ne recevions aucune réponse, et ceux à qui nous parlions semblaient eux-mêmes effrayés de notre témérité. Nous devions être à la ration des matelots; mais nous nous aperçûmes dès le premier jour que nos subsistances étaient gâtées.

« Notre embarquement avait été imprévu ; tout nous manquait. Nous allions d'abord naviguer dans des latitudes froides, pour passer ensuite dans des climats fort chauds. Dépourvus de tout ce que l'habitude rend nécessaire à des hommes âgés, jamais un aussi long voyage n'avait été en-trepris avec aussi peu de préparatifs. On ne nous avait pas laissé le temps de recevoir nos malles ; nous avions compté sur la ressource des achats à Rochefort ou à la Rochelle. Du fond de notre prison, nous écrivîmes au capitaine, pour le prier d'envoyer à terre faire ces achats ; mais l'instant d'après, un officier rapporta l'argent et la lettre, en nous disant : « Vous avez violé la consigne, malheureux que « vous êtes ! vous ne savez pas à quoi vous vous exposez ; » et il disparut. Nous fûmes surpris de ce traitement. Le capitaine Jurieu, qui nous avait reçus la veille, avait montré des dispositions humaines qui s'accordaient mal avec la dureté de ce procédé ; mais nous sûmes que, pendant la nuit, il avait été remplacé par un lieutenant de vaisseau de Bayonne, appelé Laporte, et que ce changement aurait une fâcheuse influence sur notre traitement pendant la traversée. « C'est, « nous dit-on, un homme qui exécutera avec rigueur et « dureté ses instructions. Comme elles lui prescrivent de « vous nourrir de biscuit et de viande salée, vous pourrez « avoir le rebut des galériens de Rochefort. »

Le voyage se continua dans ces conditions si pénibles pour les malheureux déportés. Enfin, le 12 novembre, ils furent débarqués à Cayenne (1).

Le gouvernement directorial avait acquis un renouveau de force et de pouvoir ; il ne s'en servit point pour faire le bien ; il en était incapable. La France continua à souffrir du désordre moral comme du désordre matériel ; le mécontentement croissait chaque jour. A la fin, la violence mit fin à ce régime maintenu par la violence : le 18 Brumaire effaça les effets du 18 Fructidor.

P. G.

(1) Sur les souffrances qu'ils y endurèrent et sur la façon dont certains d'entre eux purent s'évader, voir le n° 5 de la *Bibliothèque Militaire*.

Le Gérant : Henri GAUTIER

1673. — Imp. de Vaugirard, G. de Malherbe Dir., 151, r. de Vaugirard. — Car. et vig. Doublet.

Récits des Grands Jours de l'Histoire

(Voir à la page 2 de la couverture les conditions de vente)

VOLUMES EN VENTE *(Suite)*

Autorelieur Gorrilliot

POUR RÉUNIR SOI-MÊME EN VOLUMES LES FASCICULES DES
Récits des Grands Jours de l'Histoire

Prix : 2 Francs

Le nouveau système d'autorelieur que nous avons fait fabriquer pour nos lecteurs, se recommande par sa simplicité et son mode aisé d'emploi. Grâce à lui, la personne la moins habituée aux travaux manuels, un enfant même, pourra réunir en volume les numéros de notre publication.

Nos autorelieurs sont fabriqués pour treize numéros. Il en faudra donc quatre pour une année. Ils sont très élégants, ornés d'une composition de l'habile dessinateur Fraipont, bien en rapport avec le caractère de la publication. Une fois remplis, ils formeront de véritables volumes de luxe, qui mériteront de figurer en bonne place sur la table du salon ou les rayons de la bibliothèque.

Le prix de l'autorelieur est de **2 francs.** On le recevra *franco à domicile,* en ajoutant **0 fr. 30** par autorelieur. Pour les demandes d'au moins 3 autorelieurs, nous emploierons le colis postal. Le prix du port, quel que soit le nombre, sera donc de **0 fr. 85.**

Indiquer à quels numéros on destine les autorelieurs demandés, afin de recevoir les titre et table correspondants.

Dans chaque autorelieur, on trouvera une notice indiquant, d'une manière très claire, comment on peut relier soi-même ses fascicules.

Adresser toutes les demandes, accompagnées du montant en mandat-poste, timbres français ou valeur sur Paris, à M. HENRI GAUTIER, éditeur, 55, quai des Grands-Augustins, Paris.

Pour paraître la Semaine prochaine.

Les derniers moments de Napoléon

PAR

Le Docteur Antommarchi

Les Anglais n'eurent rien d'un ennemi généreux à l'égard de Napoléon. Non seulement ils transformèrent en captif le vaincu qui se livrait volontairement à eux, mais, de plus, toujours tremblants devant celui qui les avait menacés si longtemps, ils l'envoyèrent dans une île dont ils savaient le climat propre à avoir promptement raison de sa santé déjà profondément atteinte.

Un médecin italien, le Dr Antommarchi, soigna l'Empereur du 19 septembre 1819 jusqu'au jour de sa mort. Il a consigné, dans un récit fidèle, toutes les particularités intéressantes et curieuses dont il fut le témoin. Nous avons extrait, de son ouvrage, les passages relatifs aux derniers moments de l'Empereur. C'est une lecture d'un intérêt poignant, et l'on s'associe, par la pensée, aux émotions et aux douleurs qu'éprouvèrent tous ceux qui assistèrent à ce grand et triste événement.

EN PRÉPARATION :

XXX

LA PUBLICATION DES

Récits des Grands Jours de l'Histoire

prendra fin avec le numéro 52

1673 — S. An. de l'Imp. de Vaugirard, G. de M., 152, rue de Vaugirard. — Car. et vig. Doublet.

www.ingramcontent.com/pod-product-compliance
Ingram Content Group UK Ltd.
Pitfield, Milton Keynes, MK11 3LW, UK
UKHW021655090726
13657UKWH00004B/1992